Davranış Eğitimi

Melis ile Ege'nin Fotc

MUTLULUK DEMEK

Yazan: ELİF ÇİFTÇİ YILMAZ

Resimleyen: EDA ERTEKİN TOKSÖZ

Melis ile Ege bahçede köpekleri Kanki ile oynuyorlardı. Hava çok sıcaktı. Ahmet Dede iki arkadaşa sordu: "Çocuklar, dondurma ister misiniz?"

İkisi de sevinçle, "İsteriz!" diye bağırdı.

Ahmet Dede, onları mahalledeki Hasan Amca'nın bakkalına götürdü. Melis, "Ben çikolatalı istiyorum." dedi. Ege ise çoktan meyveli dondurmasını seçmişti.

O sırada bakkalda, elinde ekmekle dondurmalara bakan bir çocuk gördüler. Belli ki çocuğun dondurma alacak parası yoktu. Elbiseleri eski, terlikleri de yırtıktı.

Çocuk bakkaldan çıkınca Melis, "Bakkal Amca kim bu çocuk?" diye sordu. O da "Adı Samet, sizin arka sokakta oturuyorlar." dedi. "Babası uzun zamandır işsiz."

Samet'in babası marangozdu. İşleri bozulunca da atölyesini kapatmıştı. Eve dönerlerken Melis sordu: "Dede, Samet'e yardım edebilir miyiz?"

Ege, "Bir şeyler alıp verebiliriz." dedi.

Ahmet Dede, "Yardım edeceğiz çocuklar." dedi. "Ama onları utandırmadan... Eve gidince neler yapabiliriz bir bakalım."

Eve gelince Melis ile annesi, Samet'in ailesi için bir yiyecek kolisi hazırladılar. Ahmet Dede de Sametleri çok sevindirecek bir mektup bıraktı kutuya.

Ege ise annesiyle birlikte Samet için bir kutuya yeni giysilerle bir spor ayakkabısı yerleştirdi. Ayrıca en sevdiği arabalarından birkaçını ve yeni aldığı topu koydu.

Ertesi sabah, hazırladıkları kutuları gizlice Sametlerin evinin önüne bıraktılar. Sonra da zili çalıp hemen oradan uzaklaştılar.

Kapıyı Samet açmıştı. Karşısında kutuları görünce çok şaşırdı. Hemen babasına seslendi ve birlikte kutuları içeri taşıdılar. Samet, "Baba bak, bir zarf." dedi.

Babası zarfı açıp "Bir fabrikanın adresi var." dedi. "Marangoz arıyorlarmış!"

Ailece çok mutlu oldular.

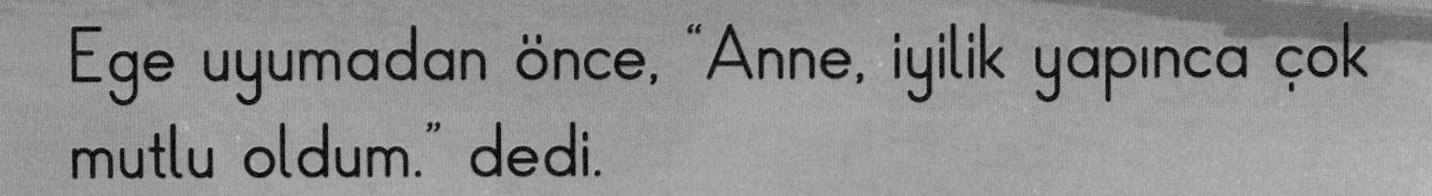

Ege uyumadan önce, "Anne, iyilik yapınca çok mutlu oldum." dedi.

Annesi de "İyilik yapan, kendine iyilik yapar Egeciğim." dedi.

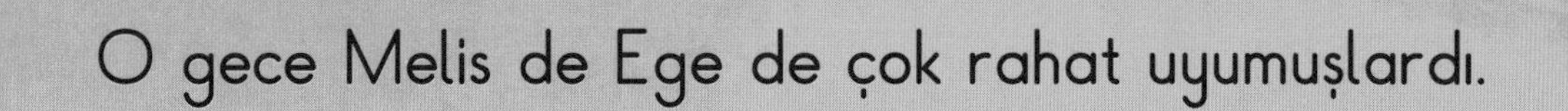

O gece Melis de Ege de çok rahat uyumuşlardı.

Ertesi gün, Melis ile Ege parkta oynarlarken Samet'i gördüler. Samet bir başına elinde topuyla duruyordu.

İki arkadaş, Samet'in yanına gidip sordular: "Birlikte oynayalım mı?"

Samet de "Olur!" dedi sevinçle. "Benim adım Samet, sizin adınız ne?" diye sordu. Melis ile Ege, kendilerini tanıttılar ve hep birlikte oynamaya başladılar.

Ahmet Dede top oynayan üç arkadaşın fotoğraflarını çekti. Ege ile Melis, bu güzel hatırayı da fotoğraf günlüklerine yapıştırdılar.

İki arkadaş mutluluğun yolunu bulmuştu. Onun adı da "paylaşmaktı".

Kol kola girip başladılar şarkı söylemeye.

Haydi, onlar ile birlikte sen de söyle!

MUTLULUK DEMEK

Mutluluk demek,

İnsanı sevmek.

Herkese yeter,

Paylaşırsan eğer.

Yap bir iyilik,

Bilmesin kimsecik,

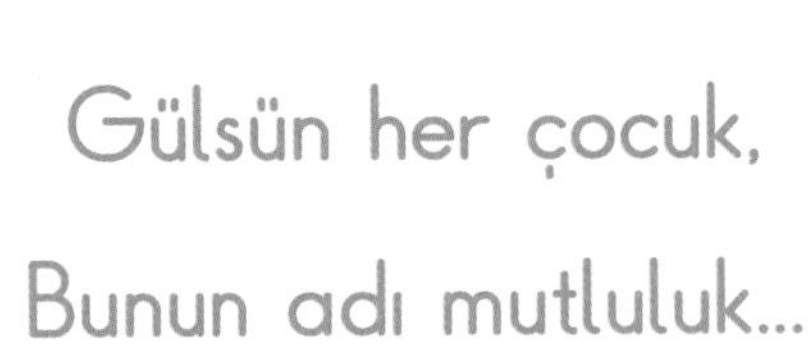

Gülsün her çocuk,

Bunun adı mutluluk...